SBÍRKA RECEPTŮ PRO MILOVNÍKY KÁVY

100 RŮZNÝCH RECEPTŮ OD KLASICKÉHO CAPPUCCINA AŽ PO SPECIÁLNÍ LATTÉ

Soňa Bílová

Všechna práva vyhrazena.

Zřeknutí se odpovědnosti

Informace obsažené v této eKnize mají sloužit jako ucelená sbírka strategií, o kterých autor této eBooku provedl výzkum. Shrnutí, strategie, tipy a triky jsou pouze doporučeními autora a přečtení tohoto eBooku nezaručí, že jeho výsledky budou přesně odrážet výsledky autora. Autor e-knihy vynaložil veškeré přiměřené úsilí, aby čtenářům e-knihy poskytl aktuální a přesné informace. Autor a jeho spolupracovníci nenesou odpovědnost za jakékoli neúmyslné chyby nebo opomenutí, které mohou být nalezeny. Materiál v elektronické knize může obsahovat informace třetích stran. Materiály třetích stran zahrnují názory vyjádřené jejich vlastníky. Autor e-knihy jako takový nepřebírá odpovědnost ani odpovědnost za jakýkoli materiál nebo názory třetích stran. Ať už kvůli rozvoji internetu nebo neočekávaným změnám ve firemní politice a směrnicích pro zasílání redakcí, to, co je uvedeno jako fakt v době psaní tohoto článku, může být později zastaralé nebo nepoužitelné.

Elektronická kniha je chráněna autorským právem © 2023 se všemi právy vyhrazenými. Je nezákonné redistribuovat, kopírovat nebo vytvářet odvozené práce z této e-knihy jako celku nebo zčásti. Bez výslovného písemného a podepsaného svolení autora nesmí být žádná část této zprávy reprodukována nebo znovu přenášena v jakékoli formě.

OBSAH

OBSAH 3
ÚVOD 7
DEZERTY S KÁVOU 9
   1. BERRY TIRAMISU 10
   2. ČEKANKOVÝ KRÉM BRULÉE 12
   3. MOCHA FONDUE 14
   4. TIRAMISU 16
   5. PIKANTNÍ ITALSKÝ ŠVESTKOVO-ŠVESTKOVÝ KOLÁČ 19
   6. ITALSKÁ KÁVA GRANITA 23
   7. HO NEY VČELÍ CORTADO 25
   8. KÁVOVÁ ŽULA 27
   9. KÁVOVÉ GELATO 29
   10. ČOKOLÁDA PLNÁ ČOKOLÁDOVÉ ZMRZLINY 31
   11. ČOKOLÁDOVÁ RUMOVÁ ZMRZLINA 34
   12. IRSKÁ KÁVA 36
   13. LEDOVÁ DVOJITÁ ČOKOLÁDOVÁ PĚNA 39
   14. CAPPUCCINO FRAPPÉ 42
   15. MATNÉ MOCHA BROWNIES 44
   16. BISQUICK KÁVOVÝ DORT 46
   17. KÁVOVÝ ŽELATINOVÝ DEZERT 49
   18. KÁVOVÁ PĚNA 51
   19. KÁVOVO-KOKOSOVÝ AGAROVÝ DEZERT 55
   20. ITALSKÉ AFFOGATO 58
KÁVA LAHOVANÁ ČAJEM 60
   21. HONGKONGSKÝ ČAJ VAŘENÝ S KÁVOU 61
   22. LEDOVÁ KÁVA ČAJ 63
   23. MALAJSKÁ KÁVA S ČAJEM 65
   24. BUBBLE TEA LEDOVÁ KÁVA 67
   25. KÁVA A EARL GREY BOBA MOCKTAIL 69

26. Káva-Berry zelený čaj..71

KÁVA LAHOVANÁ OVOCEM..**73**

27. Malinové Frappuccino...74
28. Mango Frappe...76
29. Malinová káva..78
30. Vánoční káva...80
31. Bohatá kokosová káva...82
32. Čokoládová banánová káva...84
33. Káva ze Schwarzwaldu..86
34. Káva Maraschino...88
35. Čokoládová mandlová káva...90
36. Káva Soda Pop..92
37. Polosladká mocha...94
38. Vídeňská káva...96
39. Espresso Romano...98

KÁVA LAHOVANÁ KAKAEM..**100**

40. Ledové mocha cappuccino..101
41. Originální ledová káva...103
42. Káva s příchutí mocha...105
43. Pikantní mexická mocha..107
44. Čokoládová káva...109
45. Máta peprná mocha káva..111
46. Mocha italské espresso...113
47. Čokoládové kávy...115
48. Čokoládová káva Amaretto..117
49. Čokoládová mátová káva plovák...119
50. Kakaová káva..121
51. Kakao Lískooříšková Mocha..123
52. Čokoládová mátová káva..125
53. Kavárna Au Lait...127
54. Italská káva s čokoládou...129
55. Polosladká mocha...131

KÁVA LAHOVANÁ KOŘENÍM...**133**

56. Orange Spice Coffee 134
57. Smetana na kořeněnou kávu 136
58. Kardamomová kořeněná káva 138
59. Kavárna Ola 140
60. Vanilková mandlová káva 142
61. Arabská Jáva 144
62. Medová káva 146
63. Cafe Vienna Desire 148
64. Kořeněná káva se skořicí 150
65. Skořicové espresso 152
66. Mexická kořeněná káva 154
67. Vietnamská vaječná káva 156
68. Turecká káva 158
69. Dýňové kořeněné latté 160
70. Karamelové latte 163

KÁVA LAHOVANÁ ALKOHOLEM 165

71. Rumová káva 166
72. Irská káva Kahlua 168
73. Baileyho irské cappuccino 170
74. Brandy Coffee 172
75. Kahlua a čokoládová omáčka 174
76. Domácí kávový likér 176
77. Kahlua Brandy Coffee 178
78. Limetková Tequila Espresso 180
79. Slazená brandy káva 182
80. Káva na večeři 184
81. Sladká javorová káva 186
82. Dublinský sen 188
83. Káva Di Saronno 190
84. Káva Baja 192
85. Pralinková káva 194
86. Káva vodka 196
87. Kavárna Amaretto 198
88. Kavárna Au Cin 200
89. Špičaté cappuccino 202

90. Gaelská káva...204
91. Žitná whisky káva...206
92. Cherry Brandy Káva..208
93. Dánská káva..210
94. Whisky Střelec...212
95. Stará dobrá irština...214
96. Irská káva Bushmills..216
97. Černá irská káva...218
98. Krémová irská káva..220
99. Staromódní irská káva..222
100. Krém Liqueur Latte...224

ZÁVĚR..**226**

ÚVOD

Vítejte v okouzlujícím světě "sbírky receptů milovníka kávy." Káva, ranní elixír a múza nesčetných rozhovorů, je umění, které přináší radost a pohodlí lidem na celém světě. Tato kolekce receptů je poctou kouzlu, které se stane, když se kvalitní fazole setkají s kreativními rukama. Od bohatého aroma čerstvě uvařeného šálku až po sametovou texturu, která tančí na patře, každý doušek těchto směsí je cestou rozkoše.

Na těchto stránkách najdete řadu pečlivě vytvořených receptů na kávu, z nichž každý je navržen tak, aby povznesl váš zážitek z kávy. Ať už hledáte příval energie na začátek dne, chvíli klidu, útěchu nebo chuťově zakončené luxusní jídlo, naše recepty uspokojí každou náladu a příležitost. Navázali jsme partnerství s kávovými znalci a kulinářskými experty, abychom zajistili, že každý recept bude mistrovským dílem, spojujícím ty nejlepší ingredience s precizními technikami.

Připojte se k nám, když se vydáme na tuto smyslovou expedici, ponoříme se do světa fazolí, piva a dalších. Od klasických směsí, které obstály ve zkoušce času, až po inovativní výtvory, které posouvají hranice chuti, „Brewing Bliss" je vaší pozvánkou k prozkoumání nuancí a všestrannosti kávy jako nikdy předtím.

DEZERTY S KÁVOU

1. **Berry tiramisu**

Ingredience

- 1 1/2 šálku uvařené kávy
- 2 lžíce Sambuca
- 1 lžička krystalového cukru
- 1-libra nádoba sýr mascarpone
- 1/4 šálku husté smetany
- 2 lžíce cukrářského cukru
- Sušenky Ladyfinger
- Kakaový prášek
- 2 šálky smíchaných bobulí

Pokyny

a) V mělké misce prošlehejte 1 1/2 šálku uvařené kávy, 2 lžíce Sambucy a 1 lžíci krystalového cukru, dokud se cukr nerozpustí. V samostatné misce šlehejte dohromady jednu nádobu mascarpone o hmotnosti 1 libry, 1/4 šálku husté smetany a 2 lžíce cukrářského cukru.

b) Použijte tolik sušenek, aby pokryly dno 8palcové čtvercové zapékací misky, ponořte berušky do kávové směsi a urovnejte je do rovnoměrné vrstvy na dně pánve. Navrch rozetřeme polovinu směsi mascarpone. Opakujte obě vrstvy. Posypte kakaovým práškem a 2 šálky smíchaných bobulí. Tiramisu dejte do lednice alespoň na 2 hodiny a až 2 dny.

2. Čekankový krém brulée

Ingredience

- 1 lžíce másla
- 3 šálky husté smetany
- 1 1/2 šálku cukru
- 1 šálek čekankové kávy
- 8 žloutků
- 1 šálek surového cukru
- 20 malých sušenek

Pokyny

a) Předehřejte troubu na 275 stupňů F. Namažte 10 (4 uncí) ramekins. V hrnci na středním plameni smíchejte smetanu, cukr a kávu.

b) Šlehejte do hladka. V malé míse rozšlehejte vejce do hladka. V horké smetanové směsi uvařte žloutky. Sundejte z plotny a ochlaďte. Nalijte do jednotlivých ramekinů. Ramekiny vložíme do zapékací mísy.

c) Naplňte misku vodou až do poloviny ramekinu. Vložte do trouby na spodní mřížku a pečte, dokud střed neztuhne, asi 45 minut až 1 hodinu.

d) Vyjměte z trouby a zalijte vodou. Zcela vychladnout.

e) Dejte do lednice do vychladnutí. Navrch nasypte cukr a setřeste přebytek. Pomocí ručního foukače zkaramelizoval cukr navrchu. Krémové brulée podávejte s křehkými sušenkami.

3. **Mocha Fondue**

Ingredience

- 8 uncí. Polosladká čokoláda
- 1/2 šálku horkého espressa nebo kávy
- 3 polévkové lžíce granulovaného cukru
- 2 polévkové lžíce másla
- 1/2 lžičky vanilkového extraktu

Pokyny

a) Čokoládu nasekejte na malé kousky a dejte stranou
b) Zahřejte espresso a cukr v hrnci na fondue na mírném ohni
c) Za stálého míchání pomalu přidávejte čokoládu a máslo
d) Přidejte vanilku
e) Volitelné: Přidejte kapku irského krému
f) K namáčení: Andělský dort, plátky jablek, banány, jahody, koláč, preclíky, kousky ananasu, marshmallows

4. **tiramisu**

Porce: 6

Ingredience :

- 4 žloutky
- ¼ šálku bílého cukru
- 1 polévková lžíce vanilkového extraktu
- ½ šálku smetany ke šlehání
- 2 hrnky sýra mascarpone
- 30 dámských prstů
- 1 ½ šálků ledově vychlazené kávy uchovávané v lednici
- ¾ šálku likéru Frangelico
- 2 polévkové lžíce neslazeného kakaového prášku

Pokyny

a) V míse vyšlehejte žloutky, cukr a vanilkový extrakt do krémové hmoty.

b) Poté vyšleháme smetanu ke šlehání do tuha.

c) Smíchejte sýr mascarpone a šlehačku.

d) V malé misce lehce vmíchejte mascarpone do žloutků a nechte stranou.

e) Smíchejte likér se studenou kávou.

f) Lady-finger ihned ponořte do kávové směsi. Pokud jsou dámské prsty příliš mokré nebo vlhké, promoknou.

g) Polovinu dámských prstů položte na dno zapékací misky o rozměrech 9 x 13 palců.

h) Navrch dejte polovinu náplně.

i) Navrch položte zbývající dámské prsty.

j) Umístěte na nádobu poklici. Poté nechte 1 hodinu chladit.

k) Poprášíme kakaovým práškem.

5. Pikantní italský švestkovo-švestkový koláč

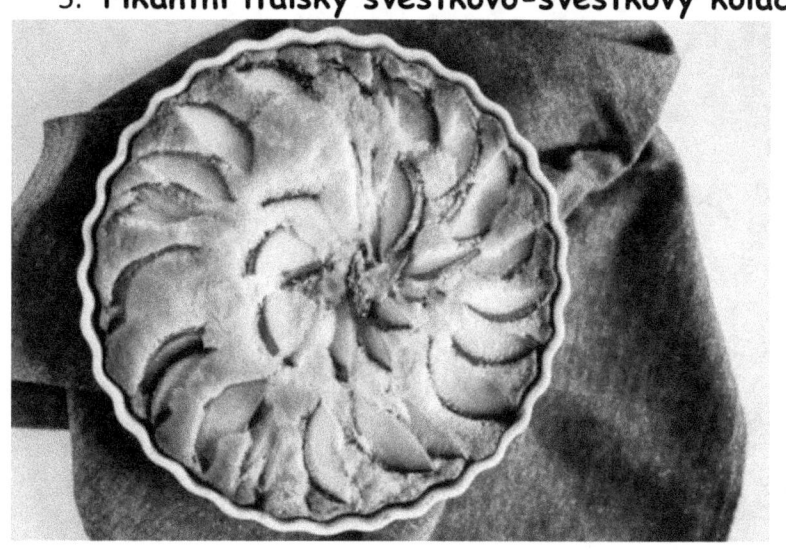

Porce : 12 porcí

Přísada

- 2 šálky Vypeckovaný a rozčtvrcený Ital
- Sušené švestky, vařené do
- Měkké a vychlazené
- 1 šálek Máslo nesolené, změkčené
- 1¾ šálků Krystalový cukr
- 4 Vejce
- 3 šálky Prosátá mouka
- ¼ šálku Nesolené máslo
- ½ libry Moučkový cukr
- 1½ polévkové lžíce Neslazené kakao
- Špetka soli
- 1 lžička Skořice
- ½ lžičky Mletý hřebíček
- ½ lžičky Mletý muškátový oříšek
- 2 lžičky Prášek do pečiva
- ½ šálku Mléko

- 1 šálek Vlašské ořechy, jemně nasekané
- 2 Na 3 lžíce silné, horké
- Káva
- $\frac{3}{4}$ lžičky Vanilka

Pokyny :

a) Předehřejte troubu na 350 °F. Máslo a mouku 10-palcový Bundt pánev.

b) Ve velké mixovací nádobě ušlehejte máslo a cukr, dokud nebude světlá a nadýchaná.

c) Jedno po druhém zašlehejte vejce.

d) Smíchejte mouku, koření a jedlou sodu v sítu. Po třetinách přidávejte moučnou směs do máslové směsi střídavě s mlékem. Šlehejte pouze, aby se ingredience spojily.

e) Přidejte uvařené švestky a vlašské ořechy a míchejte, aby se spojily. Přeneste do připravené formy a pečte 1 hodinu v troubě vyhřáté na 350 °F, nebo dokud se koláč nezačne srážet ze stran formy.

f) Polevu připravíte tak, že smícháme máslo a cukrářský cukr. Postupně za stálého míchání přidávejte cukr a kakao, dokud se úplně nespojí. Dochutíme solí.

g) Vmíchejte malé množství kávy najednou.

h) Šlehejte do světlé a nadýchané hmoty, poté přidejte vanilku a dort ozdobte.

6. Italská káva Granita

Ingredience

- 4 šálky vody
- 1 šálek mleté espresso-pražené kávy
- 1 hrnek cukru

Pokyny :

a) Přiveďte vodu k varu a poté přidejte kávu. Kávu slijte přes sítko. Přidejte cukr a dobře promíchejte. Směs se nechá vychladnout na pokojovou teplotu.

b) Suroviny smažte na pánvi 9x13x2 po dobu 20 minut. Plochou stěrkou směs seškrábeme (osobně ráda používám vidličku).

c) Každých 10-15 minut škrábejte, dokud není směs hustá a krupičková. Pokud se vytvoří tlusté kousky, rozmixujte je v kuchyňském robotu, než je vrátíte do mrazáku.

d) Podávejte s malým kopečkem studené smetany v krásném vychlazeném dezertu nebo martini.

7. Ho ney včelí cortado

Ingredience :

- 2 panáky espressa
- 60 ml dušeného mléka
- 0,7 ml vanilkového sirupu
- 0,7 ml medového sirupu

Pokyny :

a) Udělejte dvojité espresso.

b) Mléko přivedeme k varu.

c) Kávu smíchejte s vanilkovým a medovým sirupem a dobře promíchejte.

d) Napěňte tenkou vrstvu navrch směsi kávy/sirupu přidáním stejných dílů mléka.

8. Kávová žula

Ingredience

- 3 šálky čerstvě vyrobené velmi silné černé kávy
- 1/3 šálku superjemného cukru
- 1/4 lžičky čistého vanilkového extraktu
- 1 šálek vody, vychlazené
- 1 hrnek smetany ke šlehání
- 2 lžíce opražených lískových ořechů

Pokyny

a) Smíchejte horkou kávu, cukr a vanilku. Necháme vychladnout, občas promícháme, dokud se cukr nerozpustí. Přidejte vychlazenou vodu a nalijte do mrazící nádoby.

b) Zmrazte do rozbředlého stavu. Lehce rozdrobte vidličkou a poté pokračujte v mrazení téměř do ztuhnutí.

c) Většinu ořechů namelte najemno a zbytek nahrubo rozdrťte. Smetanu ušleháme do pěny a vmícháme mleté ořechy. Před podáváním dejte na posledních 15 minut do mrazáku.

d) Vychlaďte 4 až 6 vysokých sklenic. Vyjměte granitu z mrazáku a rozdrobte ji vidličkou. Naplňte vychlazené sklenice krystaly kávové zmrzliny. Navrch natřete zmrzlinu a posypte několika drcenými ořechy. Znovu zmrazujte ne déle než hodinu a poté podávejte přímo z mrazničky.

9. Kávové gelato

Ingredience

- 1 1/4 šálku světlé smetany
- 5 žloutků
- 1/2 šálku superjemného cukru
- 1 lžička čistého vanilkového extraktu
- 1 1/4 šálku čerstvě uvařeného extra silného espressa

Pokyny

a) Smetanu zahřejte, dokud nezačne bublat, poté mírně vychladněte.
b) Ve velké žáruvzdorné míse ušlehejte žloutky, cukr a vanilku, dokud nebudou husté a krémové. Přišlehejte horkou smetanu a kávu a poté misku postavte nad pánev s mírně vroucí vodou. Neustále míchejte dřevěnou lžící, dokud pudink nepokryje zadní část lžíce.
c) Odstraňte misku z ohně a nechte vychladnout. Po úplném vychladnutí nalijte do zmrzlinovače a zpracujte podle návodu výrobce nebo použijte metodu ručního míchání . Zastavte stloukání, když je téměř tuhé, přendejte do mrazicí nádoby a před podáváním nebo dokud nebudete potřebovat, nechte v mrazáku 15 minut.
d) Toto gelato je vynikající čerstvé, ale lze ho zmrazit až 3 měsíce. 15 minut před podáváním vyndejte, aby trochu změkla.
e) Dělá asi 1 1/4 pinty

10. Čokoláda plná čokoládové zmrzliny

Ingredience

- 3 unce neslazené čokolády, hrubě nasekané
- 1 (14 uncí) plechovka slazeného kondenzovaného mléka
- 1 1/2 lžičky vanilkového extraktu
- 4 lžíce nesoleného másla
- 3 žloutky
- 2 unce polosladké čokolády
- 1/2 šálku silné černé kávy
- 3/4 šálku krystalového cukru
- 1/2 šálku světlé smetany
- 1 1/2 lžičky tmavého rumu
- 2 lžíce bílého kakaového krému
- 2 šálky husté smetany
- 2 unce neslazené čokolády, jemně nastrouhané
- 1/4 lžičky soli

Pokyny

a) V dvojitém kotli rozpusťte 3 unce neslazené čokolády. Přidejte mléko, míchejte do hladka. Vmíchejte vanilkový extrakt a odstavte z ohně.

b) Máslo nakrájejte na čtyři stejné kousky a za stálého míchání přidávejte jeden kus po druhém, dokud se nezapracuje všechen zadek. Vyšlehejte žloutky do světlé a citronové barvy.

c) Postupně vmíchejte čokoládovou směs a pokračujte v míchání, dokud nebude hladká a krémová. Dát stranou.

d) V dvojitém kotli zahřejte 2 unce polosladké čokolády, kávu, cukr a světlou smetanu. Neustále míchejte, dokud nebude hladká. Vmíchejte rum a crème de cacao a nechte směs vychladnout na pokojovou teplotu.

e) Smíchejte obě čokoládové směsi, hustou smetanu, nastrouhanou neslazenou čokoládu a rošt ve velké míse. Nalijte směs do kanystru zmrzlinového mrazáku a zmrazte podle pokynů výrobce.

11. Čokoládová rumová zmrzlina

Ingredience

- 1/4 šálku vody
- 2 lžíce instantní kávy
- 1 (6 uncí) balení polosladkých čokoládových lupínků
- 3 žloutky
- 2 unce tmavého rumu
- 1 1/2 šálku husté smetany, šlehané
- 1/2 šálku nastrouhaných mandlí, opražených

Pokyny

a) Do malého hrnce dejte cukr, vodu a kávu. Za stálého míchání přivedeme k varu a vaříme 1 minutu. Vložte čokoládové lupínky do mixéru nebo kuchyňského robotu a s běžícím motorem nalijte horký sirup a rozmixujte do hladka. Rozšleháme žloutky a rum a mírně zchladíme. Čokoládovou směs vmícháme do šlehačky a poté nalijeme do jednotlivých servírovacích misek nebo bombé. Posypeme opraženými mandlemi. Zmrazit.

b) Chcete-li podávat, vyjměte z mrazáku alespoň 5 minut před podáváním.

12. **Irská káva**

Ingredience

- 1 šálek plnotučného mléka
- 1½ lžíce instantní kávy nebo prášku na espresso
- ⅔ šálku hnědého cukru, balené
- 1 velké vejce
- 3 velké žloutky
- ¼ šálku irské whisky
- ½ lžičky vanilkového extraktu
- 2 šálky husté smetany

Pokyny

a) Smíchejte mléko, instantní kávu a cukr ve střední pánvi. Vařte na středním plameni a míchejte, aby se cukr rozpustil, dokud směs nezhoustne.

b) Ve velké míse ušlehejte vejce a žloutky. Když se mléčná směs vaří, stáhněte ji z ohně a velmi pomalu ji za stálého šlehání vlijte do vaječné směsi, aby se temperovala.

c) Když přidáte veškerou mléčnou směs, vraťte ji do hrnce a pokračujte ve vaření na středním plameni za stálého míchání, dokud směs nezhoustne natolik, aby pokryla zadní stranu lžíce, 2 až 3 minuty. Sundejte z ohně a vmíchejte whisky, vanilku a smetanu.

d) Mléčnou směs ochlaďte na pokojovou teplotu, poté přikryjte a chlaďte, dokud dobře nevychladne, 3 až 4 hodiny nebo přes noc. Vychlazenou směs nalijte do zmrzlinovače a zmrazte podle návodu.

e) Přeneste zmrzlinu do nádoby vhodné do mrazáku a vložte do mrazáku. Před podáváním nechte 1 až 2 hodiny ztuhnout.

13. Ledová dvojitá čokoládová pěna

Ingredience

- 3 až 4 polévkové lžíce velmi horkého mléka
- 1 (1/4-oz.) obálka neochucené želatiny
- 1 1/2 šálku kousky bílé čokolády
- 4 polévkové lžíce (1/2 tyčinky) nesoleného másla
- 2 velké bílky
- 1/2 šálku superjemného cukru
- 1/2 šálku jemně nasekané tmavé čokolády (chcete zachovat nějakou texturu)
- 1/2 šálku husté smetany, lehce našlehané
- 1/2 šálku řeckého jogurtu
- 18 kávových zrn nebo rozinek v čokoládě
- 1 lžička neslazeného kakaového prášku, prosátého

Pokyny

a) Do horkého mléka nasypeme želatinu a mícháme, aby se rozpustila. Je-li to nutné, vložte ji do mikrovlnné trouby po dobu 30 sekund, abyste ji pomohli rozpustit. Bílou čokoládu a máslo jemně rozpusťte, dokud nebude hladká. Vmíchejte rozpuštěnou želatinu a nechte vychladnout, ale nenechte ji znovu ztuhnout. Z bílků ušleháme tuhý sníh, postupně zašleháme cukr a vmícháme hořkou čokoládu.

b) Vychladlou bílou čokoládu, šlehačku, jogurt a sníh z bílků opatrně smíchejte. Směs nandejte do 6 jednotlivých forem nebo do jedné velké formy, vyložené plastovým obalem pro snadné vyndání. Úhledně srovnejte vršky. Zakryjte a zmrazte na 1 až 2 hodiny nebo přes noc.

c) Chcete-li podávat, uvolněte horní okraje malým nožem. Obraťte každou formu na servírovací talíř a otřete horkým hadříkem nebo jemně uvolněte pěnu pomocí plastového obalu. Vraťte pěny do mrazáku, dokud nejsou připraveny k jídlu. Podávejte s kávovými zrny nebo rozinkami v čokoládě a lehce propasírovanou práškovou čokoládou.

14. Cappuccino frappé

Ingredience

- 4 polévkové lžíce kávového likéru
- 1/2 šálku kávového gelato
- 4 lžíce rumu
- 1/2 šálku husté smetany, vyšlehané
- 1 polévková lžíce neslazeného kakaového prášku, prosátého

Pokyny

a) Nalijte likér do základny 6 mrazuvzdorných sklenic nebo pohárů a dobře vychlaďte nebo zmrazte.
b) Gelato připravte podle návodu, dokud nebude částečně zmrazené. Poté elektrickým šlehačem zašleháme rum do pěny, ihned nalijeme na mražený likér a znovu zmrazíme, dokud nebude pevný, ale ne tvrdý.
c) Na gelato natřeme šlehačku. Bohatě posypte kakaovým práškem a vraťte na několik minut do mrazáku, dokud nebudete zcela připraveni k podávání.

15. Matné mocha brownies

Ingredience

- 1 c. cukr
- 1/2 c. máslo, změkl
- 1/3 c. pečení kakao
- 1 t. instantní kávové granule
- 2 vejce, rozšlehaná
- 1 t. vanilkový extrakt
- 2/3 c. všestranná mouka
- 1/2 t. prášek na pečení
- 1/4 t. sůl
- 1/2 c. nasekané vlašské ořechy

Pokyny

a) V hrnci smíchejte granule cukru, másla, kakaa a kávy. Vařte a míchejte na středním plameni, dokud se máslo nerozpustí. Odstraňte z tepla; Chladit po dobu 5 minut. Přidejte vejce a vanilku; míchejte, dokud se nespojí.

b) Smíchejte mouku, prášek do pečiva a sůl; vložit ořechy. Těsto rozetřeme na vymazaný pekáč 9" x 9". Pečte při 350 stupních po dobu 25 minut, nebo dokud neztuhnou.

c) Ochlaďte na pánvi na mřížce. Potřete mocha polevou na vychladlé brownies; nakrájet na tyčinky. Dělá jeden tucet.

16. Bisquick kávový dort

Ingredience

Kávový dort:
- 2 šálky směsi Bisquick
- 2 lžíce cukru
- 2/3 šálku mléka
- 1 vejce

Poleva se skořicí:
- 1 šálek směsi Bisquick
- 2/3 šálku hnědého cukru lehce zabalené
- 2 lžičky mleté skořice
- 1/4 šálku nesoleného másla

Pokyny

Pro Streusel Topping
a) Ve střední míse prošlehejte Bisquick mix, hnědý cukr a skořici.
b) Přidejte na kostičky nakrájené máslo. Rukama rozdrobte máslo do suché směsi.

Na dort s kávou
c) Předehřejte troubu na 350 °F. Zapékací mísu o rozměrech 8 × 8 palců vyložte pečicím papírem nebo ji vymažte tukem. Dát stranou.
d) Ve velké míse smíchejte stěrkou Bisquick mix, cukr, mléko a vejce. Seškrábněte misku dolů.
e) Těsto na dort nalijeme do připravené zapékací misky a uhladíme.
f) Na těsto rovnoměrně posypeme streuselovou polevou.

g) Pečte 20–25 minut, nebo dokud nebude párátko zapíchnuté do středu čisté.
h) Před řezáním nechte 20 minut vychladnout na pánvi. Podávejte a užívejte si!

17. Kávový želatinový dezert

Porce: 5

Ingredience

- ¾ šálku bílého cukru
- 3 (0,25 unce) obálky neochuceného želatinového prášku
- 3 šálky horké uvařené kávy
- 1 ⅓ šálku vody
- 1 lžíce citronové šťávy
- 1 kelímek slazené šlehačky na ozdobu

Pokyny

a) V hrnci smícháme cukr a želatinu. Smíchejte v horké kávě a vodě. Vařte na mírném ohni za častého míchání, dokud se želatina a cukr úplně nerozpustí. Sundejte z ohně a vmíchejte citronovou šťávu. Nalijte do formy 4 1/2 šálku.

b) Nechte v chladu, dokud neztuhne, alespoň 6 hodin nebo přes noc. Podávejte se šlehačkou.

18. Kávová pěna

Počet porcí: 4 osoby

Ingredience

- 2 1/2 polévkové lžíce třtinového cukru
- 4 vejce
- 3/4 šálku + 2 polévkové lžíce těžké smetany
- 3 polévkové lžíce instantní kávy v prášku
- 1 polévková lžíce neslazeného kakaového prášku
- 1 lžička práškové želatiny
- 1 polévková lžíce instantního kávového prášku a kakaového prášku, smíchané - volitelné, na dokončení pěny

Pokyny

a) Oddělte vaječné žloutky a bílky. Vložte vaječné žloutky do velké mísy a bílky do mísy vašeho mixéru. Dát stranou.

b) Práškovou želatinu dejte do malé misky se studenou vodou, promíchejte a nechte nasáknout.

c) K vaječným žloutkům přidejte Moučkový cukr a šlehejte do pěny a světlejší barvy.

d) Těžkou smetanu, instantní kávový prášek a kakaový prášek dejte do malého hrnce a za občasného míchání zahřívejte na mírném ohni, dokud se prášky nerozpustí. Smetanu nenechte vařit.

e) Horkou hustou smetanou za stálého šlehání nalijte na žloutek a cukr. Dobře prošlehejte a poté na mírném ohni přendejte zpět do hrnce. Šlehejte, dokud krém nezačne houstnout, poté přímo stáhněte z ohně a přendejte zpět do velké čisté mísy.

f) Přidejte rehydratovanou želatinu do krému a dobře prošlehejte, dokud se úplně nespojí. Dejte stranou, aby úplně vychladla.

g) Zatímco smetana chladne, začněte šlehat bílky, aby byly tuhé.

h) Když smetana vychladne, opatrně do ní třikrát až čtyřikrát vmíchejte vyšlehané bílky. Snažte se krém nepřepracovat.

i) Kávovou pěnu nalijte do jednotlivých šálků nebo sklenic a dejte do lednice ztuhnout alespoň na 2 hodiny.

j) Volitelné: až budete připraveni k podávání, posypte pěnu instantní kávou a kakaovým práškem, abyste je dokončili.

19. Kávovo-kokosový agarový dezert

Počet porcí: 4 porce

Ingredience

- 1 1/2 šálku neslazeného kokosového mléka, běžného nebo nízkotučného
- 1 šálek mléka
- 1 šálek krystalového cukru, rozdělený
- 2 polévkové lžíce agarového prášku, rozdělené
- 1 lžička soli
- 2 polévkové lžíce instantních kávových granulí
- 3 šálky vody

Pokyny

a) Přidejte kokosové mléko, mléko, 1/4 šálku cukru, 1 polévkovou lžíci agarového prášku a sůl do 1-litrového hrnce; směs rozšleháme a přivedeme k prudkému varu na středně vysoké teplotě, přičemž dáme pozor, aby se tekutina nevyvařila. Poté, co se směs kokosového mléka 30–40 sekund tvrdě vaří, sundejte rendlík ze sporáku.

b) Nalijte směs kokosového mléka do formy (forem) dle vašeho výběru. Nechte vychladnout.

c) Mezitím v jiném hrnci rozšlehejte zbývající 3/4 šálku cukru, 1 lžíci agaru, instantní kávu a vodu a přiveďte k varu na středně vysoké teplotě. Jakmile se směs vaří 30-40 sekund, sundejte rendlík ze sporáku.

d) Zkontrolujte, zda vrstva kokosového agaru ztuhla. Nechcete, aby to bylo úplně pevné; jinak se při podávání dezertu obě vrstvy neslepí a sklouznou jedna po druhé. Prstem se lehce dotkněte povrchu vrstvy kokosového agaru, abyste zjistili, zda je na povrchu nějaký odpor. Pokud ano, držte rendlík co nejblíže k povrchu kokosové vrstvy a velmi jemně nalijte vrstvu kávy na předchozí vrstvu.

e) Nechte agar ztuhnout. To by mělo trvat asi 40 až 45 minut při pokojové teplotě a 20 minut v lednici.

20. Italské Affogato

Porce 1 porce

Ingredience
- 2 kopečky vysoce kvalitní vanilkové zmrzliny
- 1 panák espressa
- 1 lžíce ořechového nebo kávového likéru (volitelně)
- hořká čokoláda na strouhání navrch

Pokyny

a) Uvařte espresso (jedno na osobu). Naberte 1-2 kopečky vanilkové zmrzliny do široké sklenice nebo misky a zalijte panákem espressa.
b) Zmrzlinu zalijte 1 lžící ořechového likéru nocino nebo vámi zvoleného likéru a nastrouhejte na troše hořké čokolády.

KÁVA LAHOVANÁ ČAJEM

21. Hongkongský čaj vařený s kávou

Ingredience

- lístků černého čaje
- 4 1/2 šálků uvařené kávy
- 5-8 lžic cukru
- 3/4 šálku půl na půl

Pokyny

a) Nejprve spařte lístky černého čaje ve 4 1/2 šálku vody. Zatímco se čaj louhuje, uvařte si kávu preferovanou metodou. Ujistěte se, že čaj i káva jsou dostatečně silné!

b) Když jsou káva a čaj hotové, spojte je do velké mísy nebo karafy. Vmíchejte cukr do směsi kávy a čaje a přidejte půl na půl. Důkladně promícháme a podáváme!

c) To dělá 8-10 porcí v závislosti na velikosti hrnku. Tento čaj můžete podávat i vychlazený nebo s ledem!

22. Ledová káva čaj

Ingredience

- káva
- jemný čaj
- led
- smetana volitelná
- cukr volitelný

Pokyny

a) Vložte vložku K-cup na kávu do přístroje. Přidejte led do šálku nebo sklenice. Položte čajový sáček vodorovně na led, aby uvařená káva mohla protékat čajovým sáčkem, když se nalévá. Po zastavení vaření nechte několik sekund louhovat. Stiskněte čajový sáček, dávejte pozor, aby se sáček neroztrhl, a vyjměte jej ze skla a vyhoďte.

b) Podle potřeby přidejte smetanu nebo cukr.

23. Malajská káva s čajem

Ingredience

- 1¾ šálku (438 ml) vody
- 9 čajových lžiček (18 g) sypaného cejlonského černého čaje
- ⅓ šálku (67 g) Turbinado Cukr
- 1 ⅔ šálku (417 ml) odpařeného mléka
- 1½ šálku (375 ml) silné kávy, horké

Pokyny

a) V hrnci smíchejte vodu s čajovými lístky. Na středním plameni přiveďte k varu, snižte teplotu na minimum a vařte; 5 minut. Čaj by měl být docela tmavý.

b) Odstraňte hrnec nebo vypněte teplo. Okamžitě vmíchejte cukr Turbinado, dokud se cukr téměř nerozpustí; 1 minuta.

c) Vmícháme odpařené mléko. Umístěte hrnec zpět na střední teplotu. Přiveďte směs k varu, snižte teplotu na minimum a vařte; 3 minuty.

d) Čajovou směs sceďte pomocí jemného síta vystlaného tenkou tkaninou nebo vyjměte čajové sáčky, pokud používáte.

e) Nalijte horkou kávu; důkladně promíchejte.

24. Bubble tea ledová káva

Ingredience

- Ledové kostky
- Vaše oblíbená káva, dostatečně uvařená na 4 šálky
- 3/4 šálku tapiokových perel pro rychlé vaření
- 1/2 šálku plnotučného mléka
- 1/2 šálku kondenzovaného mléka
- Bublinková brčka na čaj

Pokyny

a) Předvařenou kávu uložte do lednice, aby úplně vychladla – nejlépe několik hodin nebo přes noc.

b) Tapiokové perly uvařte podle návodu na obalu. (Nevařte je, dokud nebudete připraveni k podávání – rychle ztuhnou.) Nechte vychladnout v misce se studenou vodou.

c) Přeneste a rozdělte tapioku do čtyř prázdných sklenic. Nalijte studenou kávu.

d) Ve džbánu jemně prošlehejte mléko a kondenzované mléko. Rovnoměrně rozdělte do sklenic na kávu (ooh, podívejte se, jak to všechno krásně víří!).

e) Navrch dejte pár kostek ledu, zapíchněte brčkem a podávejte rychle.

25. Káva a Earl Grey Boba Mocktail

Ingredience

- 4 unce kávového koncentrátu Chameleon Cold-Brew Vanilla
- 3 unce čaje Earl Grey
- 2 uncový floater (mléčný nápoj dle vašeho výběru)
- Tapiokové perly (Boba) obalené v medu nebo cukru
- Navrch posypaný špetkou kardamomu

Pokyny

a) Připravte boba a obalte medem nebo cukrem.

b) Uvařte čaj Earl Grey a vychladněte.

c) Pokryjte dno sklenice bobem a trochou cukru.

d) Kombinujte kávový koncentrát Chameleon Cold-Brew Vanilla a Earl Grey.

e) Nalijte přes boba.

f) Doplňte smetanou nebo mléčným nápojem dle vašeho výběru.

g) Posypte kardamomem a užívejte si!

26. Káva-Berry zelený čaj

Ingredience

- 1 sáček zeleného čaje
- 1/3 šálku kávovo-ovocného nápoje (jako jsou značky Kona nebo Bai)
- 1 lžička strouhané pomerančové kůry
- Tyčinky skořice
- 1 lžička medu
- 3 lístky bazalky

Pokyny

a) Do velkého hrnku přidejte sáček zeleného čaje do 6 oz. vařící voda.

b) Přidejte kávovo-ovocný nápoj a pomerančovou kůru. K vmíchání medu použijte tyčinky skořice.

c) Natrhejte lístky bazalky a přidejte do čaje. Strmé, zakryté po dobu 5 minut. Odstraňte čajový sáček. Podávejte horké.

KÁVA LAHOVANÁ OVOCEM

27. Malinové Frappuccino

Ingredience :
- 2 šálky kostek drceného ledu
- 1 1/4 šálku - extra silná uvařená káva
- 1/2 šálku mléka
- 2 lžíce vanilkového nebo malinového sirupu
- 3 lžíce čokoládového sirupu
- Šlehačka

Pokyny
a) Smíchejte kostky ledu, kávu, mléko a sirupy v mixéru.
b) Mixujte, dokud nebude krásně hladká.
c) Nalijte do vychlazených vysokých hrnků nebo sklenic na sodovku.
d) Navrch dáme šlehačku, čokoládovou polevu a malinový sirup.
e) V případě potřeby přidejte maraschino cherry

28. Mango Frappe

Ingredience :
- 1 1/2 šálku manga, nakrájíme
- 4-6 kostek ledu
- 1 šálek mléka
- 1 polévková lžíce citronové šťávy
- 2 lžíce cukru
- 1/4 lžičky vanilkového extraktu

Pokyny
a) Nakrájené mango dejte na 30 minut do mrazáku
b) Smíchejte mango, mléko, cukr, citronovou šťávu a vanilku v mixéru. Rozmixujte do hladka.
c) Přidejte kostky ledu a zpracujte, dokud kostky nebudou hladké.
d) Ihned podávejte.

29. Malinová káva

Ingredience :
- 1/4 šálku hnědého cukru
- Kávová sedlina na 6 šálků běžné kávy
- 2 lžičky malinového extraktu

Pokyny
a) Do prázdné konvice na kávu dejte malinový extrakt
b) Vložte hnědý cukr a kávovou sedlinu do kávového filtru
c) Přidejte 6 šálků vody na vrchol a vařte hrnec.

30. **Vánoční káva**

Ingredience :
- 1 konvička kávy (ekvivalent 10 šálků)
- 1/2 šálku cukru
- 1/3 šálku vody
- 1/4 šálku neslazeného kakaa
- 1/4 lžičky skořice
- 1 špetka nastrouhaného muškátového oříšku
- Smetana ke šlehání na polevu

Pokyny
a) Připravte si konvici kávy.
b) Ve střední pánvi zahřejte vodu k mírnému varu. Přidejte cukr, kakao, skořici a muškátový oříšek.
c) Přiveďte zpět k mírnému varu asi minutu – občas promíchejte.
d) Smíchejte kávu a směs kakaa/koření a podávejte přelité šlehačkou.

31. Bohatá kokosová káva

Ingredience :
- 2 šálky Půl na půl
- 15 oz. Kokosový krém z plechovky
- 4 šálky horké uvařené kávy
- Slazená šlehačka

Pokyny
a) Půl a půl a kokosovou smetanu přiveďte v hrnci k varu na středním plameni za stálého míchání.
b) Vmíchejte kávu.
c) Podáváme se slazenou šlehačkou.

32. Čokoládová banánová káva

Ingredience :
- Připravte si 12 šálkovou konvici vaší běžné kávy
- 1 / 2-1 lžičku banánového extraktu
- Přidejte 1-1 1/2 lžičky kakaa

Pokyny
a) Kombajn
b) Tak jednoduché...a ideální pro dům plný hostů

33. Káva ze Schwarzwaldu

Ingredience :
- 6 uncí Čerstvě uvařená káva
- 2 polévkové lžíce čokoládového sirupu
- 1 polévková lžíce třešňové šťávy Maraschino
- Šlehačka
- Oholená čokoláda
- Maraschino třešně

Pokyny
a) Smíchejte kávu, čokoládový sirup a třešňový džus v šálku. Dobře promíchejte.
b) Navrch dejte šlehačku, hobliny čokolády a třešeň nebo 2.

34. Káva Maraschino

Ingredience :
- 1 šálek černé kávy
- 1 unce Amaretto
- Rediwhip Šlehaná poleva
- 1 maraschino třešeň

Pokyny
a) Naplňte hrnek nebo šálek horkou černou kávou. Vmícháme amaretto.
b) Navrch dejte šlehačku a třešeň.

35. Čokoládová mandlová káva

Ingredience :
- 1/3 šálku mleté kávy
- 1/4 lžičky čerstvě mletého muškátového oříšku
- 1/2 lžičky čokoládového extraktu
- 1/2 lžičky mandlového extraktu
- 1/4 šálku pražených mandlí, nasekaných

Pokyny
a) Zpracujte muškátový oříšek a kávu, přidejte extrakty. Zpracujte o 10 sekund déle. Dejte do mísy a promíchejte v mandlích. Uchovávejte v chladničce.
b) Dělá 8 šest uncí porcí. Příprava: Vložte směs do filtru automatického kávovaru na překapávanou kávu.
c) Přidejte 6 šálků vody a vařte

36. Káva Soda Pop

Ingredience :
- 3 šálky vychlazené kávy s dvojitou silou
- 1 polévková lžíce cukru
- 1 šálek Půl na půl
- 4 kopečky (1 pinta) kávové zmrzliny
- 3/4 šálku chlazené klubové sody
- Slazená šlehačka
- 4 třešně maraschino,
- Obloha - čokoládové kadeře nebo kakao

Pokyny
a) Smíchejte směs kávy a cukru v půl na půl.
b) Naplňte 4 vysoké sklenice na sodu do poloviny kávovou směsí
c) Přidejte kopeček zmrzliny a naplňte sklenice až po vrch sodou.
d) Ozdobte šlehačkou, čokoládou nebo kakaem.
e) Skvělá pochoutka na párty
f) Na večírky s dětmi použivejte bezkofeinovou kávu

37. Polosladká mocha

Ingredience :
- 4 unce. Polosladká čokoláda
- 1 polévková lžíce cukru
- 1/4 šálku smetany ke šlehání
- 4 šálky horké silné kávy
- Šlehačka
- Strouhaná pomerančová kůra

Pokyny
a) Čokoládu rozpusťte v těžkém hrnci na mírném ohni.
b) Vmícháme cukr a smetanu ke šlehání.
c) Šlehejte do kávy pomocí šlehače, 1/2 šálku najednou; pokračujte až do pěny.
d) Navrch dáme šlehačku a posypeme nastrouhanou pomerančovou kůrou.

38. Vídeňská káva

Ingredience :
- 2/3 šálku suché instantní kávy
- 2/3 šálku cukru
- 3/4 šálku práškové nemléčné smetany
- 1/2 lžičky skořice
- Rozdrťte mleté nové koření, hřebíček a muškátový oříšek.

Pokyny
a) Všechny ingredience smíchejte dohromady a uložte do vzduchotěsné nádoby.
b) Smíchejte 4 čajové lžičky s jedním šálkem horké vody.
c) To je skvělý dárek.
d) Vložte všechny ingredience do zavařovací sklenice.
e) Ozdobte stuhou a zavěste visačkou.
f) Visací štítek by měl mít napsané pokyny pro míchání.

39. Espresso Romano

Ingredience :
- 1/4 šálku jemně mleté kávy
- 1 1/2 šálku studené vody
- 2 proužky citronové kůry

Pokyny
a) Umístěte mletou kávu do filtru konvice na překapávanou kávu
b) Přidejte vodu a vařte podle návodu na strojové vaření
c) Do každého šálku přidejte citron
d) Sloužit

KÁVA LAHOVANÁ KAKAEM

40. Ledové mocha cappuccino

Ingredience :
- 1 polévková lžíce čokoládového sirupu
- 1 šálek horkého dvojitého espressa nebo velmi silné kávy
- 1/4 šálku půl na půl
- 4 kostky ledu

Pokyny
a) Čokoládový sirup vmíchejte do horké kávy, dokud se nerozpustí. V mixéru smíchejte kávu s půl na půl a kostkami ledu.
b) Mixujte při vysoké rychlosti po dobu 2 až 3 minut.
c) Ihned podávejte ve vysoké, studené sklenici.

41. Originální ledová káva

Ingredience :
- 1/4 šálku kávy; instantní, pravidelné nebo bez kofeinu
- 1/4 šálku cukru
- 1 litr nebo litr studeného mléka

Pokyny
a) Rozpusťte instantní kávu a cukr v horké vodě. Vmíchejte 1 litr nebo litr studeného mléka a přidejte led. Pro moka příchuť použijte čokoládové mléko a přidejte cukr podle chuti.
b) Rozpusťte 1 polévkovou lžíci instantní kávy a 2 lžičky cukru v 1 polévkové lžíci horké vody.
c) Přidejte 1 hrnek studeného mléka a promíchejte.
d) Místo cukru můžete osladit nízkokalorickým sladidlem

42. Káva s příchutí mocha

Ingredience :
- 1/4 šálku nemléčné smetany suché
- 1/3 šálku cukru
- 1/4 šálku suché instantní kávy
- 2 lžíce kakaa

Pokyny

a) Vložte všechny ingredience do mixéru, šlehejte na nejvyšší stupeň, dokud se dobře nerozmixují. Smíchejte 1 1/2 polévkové lžíce s šálkem horké vody.

b) Skladujte ve vzduchotěsné nádobě. Jako například zavařovací sklenice.

43. Pikantní mexická mocha

Ingredience :
- 6 uncí silné kávy
- 2 polévkové lžíce moučkového cukru
- 1 polévková lžíce neslazeného mletého čokoládového prášku
- 1/4 lžičky vietnamské skořice Cassia
- 1/4 lžičky jamajského nového koření
- 1/8 lžičky kajenského pepře
- 1-3 polévkové lžíce těžké smetany nebo půl na půl

Pokyny
a) V malé misce smícháme všechny suché ingredience dohromady.
b) Nalijte kávu do velkého hrnku, vmíchejte kakaovou směs, dokud nebude hladká.
c) Poté přidejte smetanu podle chuti.

44. Čokoládová káva

Ingredience :
- 2 polévkové lžíce instantní kávy
- 1/4 šálku cukru
- 1 čárka sůl
- 1 unce Čtverečky neslazené čokolády
- 1 šálek vody
- 3 šálky mléka
- Šlehačka

Pokyny
a) V hrnci smíchejte kávu, cukr, sůl, čokoládu a vodu; mícháme na mírném ohni, dokud se čokoláda nerozpustí. Za stálého míchání vařte 4 minuty.
b) Postupně za stálého míchání přilévejte mléko, dokud se nezahřeje.
c) Když se zahřeje, stáhneme z ohně a šleháme rotačním šlehačem, dokud směs nezpění.
d) Nalijte do košíčků a na povrch každého nalijte kopeček šlehačky.

45. Máta peprná mocha káva

Ingredience :
- 6 šálků čerstvě uvařené kávy
- 1 1/2 šálku mléka
- 4 unce polosladké čokolády
- 1 lžička extraktu z máty peprné
- 8 tyčinek máty peprné

Pokyny
a) Kávu, mléko, čokoládu dejte do velkého hrnce na mírném ohni po dobu 5-7 minut nebo dokud se čokoláda nerozpustí, směs se zahřeje, občas promíchejte.
b) Vmíchejte výtažek z máty peprné
c) Nalijte do hrnků
d) Ozdobte tyčinkou máty

46. Mocha italské espresso

Ingredience :
- 1 šálek instantní kávy
- 1 šálek cukru
- 4 1/2 šálků odtučněného sušeného mléka
- 1/2 hrnku kakaa

Pokyny
a) Smíchejte všechny ingredience dohromady.
b) Zpracujte v mixéru, dokud nezískáte prášek.
c) Použijte 2 polévkové lžíce na jeden malý šálek horké vody.
d) Podávejte v šálcích na espresso
e) Vyrobí asi 7 šálků směsi
f) Uchovávejte v těsně uzavřené sklenici s víčkem.
g) Zavařovací sklenice dobře poslouží pro skladování kávy.

47. Čokoládové kávy

Ingredience :
- 1/4 šálku instantního espressa
- 1/4 šálku instantního kakaa
- 2 šálky Vroucí vody – nejlépe filtrovanou vodou
- Šlehačka
- Jemně nastrouhaná pomerančová kůra nebo mletá skořice

Pokyny

a) Smíchejte kávu a kakao. Přidejte vroucí vodu a míchejte do rozpuštění. Nalijte do demitasse pohárů. Každou porci završte šlehačkou, nastrouhanou pomerančovou kůrou a špetkou skořice.

48. Čokoládová káva Amaretto

Ingredience :
- Kávová zrna Amaretto
- 1 polévková lžíce vanilkového extraktu
- 1 lžička mandlového extraktu
- 1 lžička kakaového prášku
- 1 lžička cukru
- Šlehačka na ozdobu

Pokyny
a) Uvařte kávu.
b) Přidejte vanilkový a mandlový extrakt 1 lžičku kakaa a 1 lžičku cukru na šálek.
c) Ozdobte šlehačkou

49. Čokoládová mátová káva plovák

Ingredience :
- 1/2 šálku horké kávy
- 2 polévkové lžíce kakaového likéru Crème de Cacao
- 1 odměrka mátové čokoládové zmrzliny

Pokyny
a) Pro každou porci smíchejte 1/2 šálku kávy a 2 polévkové lžíce
b) s likéru.
c) Navrch dejte kopeček zmrzliny.

50. Kakaová káva

Ingredience :
- 1/4 šálku nemléčného smetanového prášku
- 1/3 šálku cukru
- 1/4 šálku suché instantní kávy
- 2 polévkové lžíce kakaa

Pokyny
a) Vložte všechny ingredience do mixéru, mixujte na nejvyšší stupeň, dokud se dobře nerozmixují.
b) Skladujte ve vzduchotěsné zavařovací sklenici.
c) Smíchejte 1 1/2 polévkové lžíce s 3/4 šálku horké vody

51. Kakao Lískooříšková Mocha

Ingredience :
- 3/4 oz. Kahlua
- 1/2 cl horké oříškové kávy
- 1 lžička Nestlé Quick
- 2 polévkové lžíce půl na půl

Pokyny
a) Smíchejte všechny ingredience .
b) S tir

52. Čokoládová mátová káva

Ingredience :
- 1/3 šálku mleté kávy
- 1 lžička čokoládového extraktu
- 1/2 lžičky mátového extraktu
- 1/4 lžičky vanilkového extraktu

Pokyny
a) Vložte kávu do mixéru.
b) V šálku smíchejte extrakty, přidejte extrakty do kávy.
c) Zpracujte do promíchání, jen pár sekund.
d) Skladujte v chladničce

53. Kavárna Au Lait

Ingredience :
- 2 šálky mléka
- 1/2 šálku husté smetany

- 6 šálků kávy Louisiana

Pokyny
a) Smíchejte mléko a smetanu v hrnci; přiveďte k varu (na okraji pánve se budou tvořit bublinky), poté stáhněte z ohně.
b) Do každého šálku nalijte malé množství kávy.
c) Nalijte zbývající směs kávy a horkého mléka, dokud nebudou šálky plné asi 3/4.
d) Odstředěné mléko lze nahradit plnotučným mlékem a smetanou.

54. Italská káva s čokoládou

Ingredience :
- 2 šálky horké silné kávy
- 2 šálky horkého tradičního kakaa - vyzkoušejte značku Hershey's
- Šlehačka
- Strouhaná pomerančová kůra

Pokyny
a) Smíchejte 1/2 šálku kávy a 1/2 šálku kakaa v každém ze 4 hrnků.
b) Nahoře se šlehačkou; posypeme strouhanou pomerančovou kůrou.

55. Polosladká mocha

Ingredience :
- 4 unce. Polosladká čokoláda
- 1 polévková lžíce cukru
- 1/4 šálku smetany ke šlehání
- 4 šálky horké silné kávy
- Šlehačka
- Strouhaná pomerančová kůra

Pokyny
a) Čokoládu rozpusťte v těžkém hrnci na mírném ohni.
b) Vmícháme cukr a smetanu ke šlehání.
c) Šlehejte do kávy pomocí šlehače, 1/2 šálku najednou; pokračujte až do pěny.
d) Navrch dáme šlehačku a posypeme nastrouhanou pomerančovou kůrou.

KÁVA LAHOVANÁ KOŘENÍM

56. Orange Spice Coffee

Ingredience :
- 1/4 šálku mleté kávy
- 1 polévková lžíce strouhaná pomerančová kůra
- 1/2 lžičky vanilkového extraktu
- 1 1/2 tyčinky skořice

Pokyny
a) Vložte kávu a pomerančovou kůru do mixéru nebo kuchyňského robotu.
b) Zastavte procesor na dostatečně dlouhou dobu, abyste mohli přidat vanilku.
c) Zpracujte ještě 10 sekund.
d) Směs dejte do skleněného džbánu se skořicovými tyčinkami a dejte do lednice.

57. Smetana na kořeněnou kávu

Ingredience :
- 2 šálky Nestlé's quick
- 2 šálky práškové smetany do kávy
- 1/2 šálku moučkového cukru
- 3/4 lžičky skořice
- 3/4 lžičky muškátového oříšku

Pokyny
a) Všechny ingredience smíchejte dohromady a uložte do vzduchotěsné nádoby.
b) Smíchejte 4 čajové lžičky s jedním šálkem horké vody

58. Kardamomová kořeněná káva

Ingredience :
- 3/4 šálku mleté kávy
- 2 2/3 šálku vody
- Mletý kardamom
- 1/2 šálku slazeného kondenzovaného mléka

Pokyny
a) Uvařte kávu v překapávaném stylu nebo v překapávači.
b) Nalijte do 4 šálků.
c) Ke každé porci přidejte špetku kardamomu a 2 polévkové lžíce kondenzovaného mléka.
d) Míchat
e) Sloužit

59. Kavárna Ola

Ingredience :
- 8 šálků filtrované vody
- 2 malé tyčinky skořice
- 3 celé hřebíčky
- 4 unce tmavě hnědého cukru
- 1 čtvereček polosladké čokolády nebo mexické čokolády
- 4 unce mleté kávy

Pokyny
a) Přiveďte vodu k varu.
b) Přidejte skořici, hřebíček, cukr a čokoládu.
c) Znovu přiveďte k varu, odstraňte případnou pěnu.
d) Snižte teplotu na minimum a NENECHTE VAŘIT
e) Přidejte kávu a nechte 5 minut louhovat.

60. Vanilková mandlová káva

Ingredience :
- 1/3 šálku mleté kávy
- 1 lžička vanilkového extraktu
- 1/2 lžičky mandlového extraktu
- 1/4 lžičky anýzových semínek

Pokyny
a) Vložte kávu do mixéru
b) Zbývající ingredience smíchejte v samostatné nádobě
c) Přidejte extrakt a semena do kávy v mixéru
d) Zpracujte, dokud se nespojí
e) Směs použijte jako obvykle při vaření kávy
f) Dělá 8-6 uncí porcí
g) Nepoužitou část uchovávejte v chladničce

61. Arabská Jáva

Ingredience :
- 1 litr filtrované vody
- 3 polévkové lžíce kávy
- 3 lžíce cukru
- 1/4 lžičky skořice
- 1/4 lžičky kardamomu
- 1 lžička vanilkového nebo vanilkového cukru

Pokyny
a) Všechny ingredience smíchejte v hrnci a zahřívejte, dokud se na povrchu neshromáždí pěna.
b) Neprocházet filtrem.
c) Před podáváním promíchejte

62. Medová káva

Ingredience :
- 2 šálky čerstvé kávy
- 1/2 šálku mléka
- 4 lžíce medu
- 1/8 lžičky skořice
- Dash muškátový oříšek nebo nové koření
- Kapka nebo 2 vanilkového extraktu

Pokyny
a) Suroviny zahřejte v hrnci, ale nevařte.
b) Dobře promíchejte, aby se ingredience spojily.
c) Lahodná dezertní káva.

63. Cafe Vienna Desire

Ingredience :
- 1/2 šálku instantní kávy
- 2/3 šálku cukru
- 2/3 šálku odtučněného mléka
- 1/2 lžičky skořice
- 1 špetka hřebíčku - upravte podle chuti
- 1 špetka nového koření - upravte podle chuti
- 1 špetka muškátového oříšku - upravte podle chuti

Pokyny
a) Smíchejte všechny přísady dohromady
b) Pomocí mixéru rozmixujte na velmi jemný prášek. Použijte 1 polévkovou lžíci na hrnek horké filtrované vody.

64. Kořeněná káva se skořicí

Ingredience :

- 1/3 šálku instantní kávy
- 3 polévkové lžíce cukru
- 8 celých hřebíčků
- 3 palce tyčinka skořice
- 3 šálky vody
- Šlehačka
- Mletá skořice

Pokyny

a) Smíchejte 1/3 šálku instantní kávy, 3 lžíce cukru, hřebíček, tyčinku skořice a vodu.
b) Přikryjeme, přivedeme k varu. Odstraňte z ohně a nechte stát přikryté asi 5 minut louhovat.
c) Kmen. Nalijte do košíčků a každý poklaďte lžící šlehačky. Přidejte špetku skořice.

65. Skořicové espresso

Ingredience :
- 1 šálek studené vody
- 2 polévkové lžíce mleté kávy espresso
- 1/2 tyčinky skořice (délka 3"
- 4 lžičky Cacao Crème
- 2 lžičky brandy
- 2 polévkové lžíce Smetana ke šlehání, vychlazená
Strouhaná polosladká čokoláda na ozdobu

Pokyny

a) Použijte svůj espresso kávovar na jeho nebo opravdu silnou kávu s malým množstvím filtrované vody.
b) Nalámejte tyčinku skořice na malé kousky a přidejte do horkého espressa.
c) Nechte 1 minutu vychladnout.
d) Přidejte crème de cacao a brandy a jemně promíchejte. Nalijte do demitasse
e) Poháry. Vyšlehejte smetanu a na každý šálek naneste trochu smetany. Ozdobte strouhanou čokoládou nebo čokoládovými kadeřemi.

66. Mexická kořeněná káva

Ingredience :
- 3/4 šálku hnědého cukru, pevně zabalené
- 6 hřebíček
- 6 plátků Julienne pomerančové kůry
- 3 tyčinky skořice
- 6 lžic . Skutečná vařená káva

Pokyny
a) Ve velkém hrnci zahřejte na středně vysokém ohni 6 šálků vody s hnědým cukrem, skořicí a hřebíčkem, dokud nebude směs horká, ale nenechte ji vařit. Přidejte kávu, směs přiveďte k varu za občasného míchání po dobu 3 minut.
b) Kávu přecedíme přes jemné sítko a podáváme v šálcích s pomerančovou kůrou.

67. Vietnamská vaječná káva

Ingredience :
- 1 vejce
- 3 lžičky vietnamské kávy v prášku
- 2 lžičky slazeného kondenzovaného mléka
- Vařící voda

Pokyny

a) Uvařte si malý šálek vietnamské kávy.
b) Rozklepněte vejce a bílky vyhoďte.
c) Žloutek a slazené kondenzované mléko dejte do malé hluboké misky a energicky šlehejte, dokud nezískáte pěnovou, nadýchanou směs, jako je ta výše.
d) Přidejte lžíci uvařené kávy a prošlehejte.
e) Do čirého šálku nalijte uvařenou kávu a navrch přidejte nadýchanou vaječnou směs.

68. Turecká káva

Ingredience :
- 3/4 šálku vody
- 1 polévková lžíce cukru
- 1 polévková lžíce mleté kávy
- 1 lusk kardamomu

Pokyny
a) Vodu a cukr přiveďte k varu.
b) Odstraňte z ohně - přidejte kávu a kardamom
c) Dobře promíchejte a vraťte na oheň.
d) Když káva zpění, stáhněte ji z ohně a nechte usazeninu usadit.
e) Opakujte ještě dvakrát. Nalijte do šálků.
f) Před pitím by se měla kávová sedlina usadit.
g) Kávu můžete podávat s kardamomovým luskem v šálku - dle vašeho výběru

Tipy na tureckou kávu
h) Vždy je nutné podávat s pěnou navrchu
i) Můžete požádat o mletí vaší kávy na tureckou kávu – jedná se o práškovou konzistenci.
j) Po nalití do šálků nemíchejte, protože pěna splaskne
k) Při přípravě vždy používejte studenou vodu
l) Do turecké kávy se nikdy nepřidává smetana nebo mléko; cukr je však volitelný

69. Dýňové kořeněné latté

Ingredience :
- 2 lžíce konzervované dýně
- 1/2 lžičky koření na dýňový koláč a další na ozdobu
- Čerstvě mletý černý pepř
- 2 lžíce cukru
- 2 lžíce čistého vanilkového extraktu
- 2 šálky plnotučného mléka
- 1 až 2 panáky espressa, asi 1/4 šálku
- 1/4 šálku husté smetany, šlehané, dokud se nevytvoří pevné vrcholy

Pokyny
a) Zahřejte dýni a koření: V malém hrnci na středním plameni vařte dýni s kořením na dýňový koláč a vydatnou dávkou černého pepře po dobu 2 minut, nebo dokud nebude horká a voní po vaření. Míchejte neustále.
b) Přidejte cukr a míchejte, dokud směs nebude vypadat jako hustý bublinkový sirup.
c) Vmícháme mléko a vanilkový extrakt. Jemně zahřejte na středním plameni a pečlivě sledujte, aby se nepřevařilo.
d) Mléčnou směs opatrně zpracujte tyčovým mixérem nebo v tradičním mixéru (pevně držte víko pomocí silného chomáče ručníků!), dokud nezpění a nerozmixuje.
e) Smíchejte nápoje: Připravte espresso nebo kávu a rozdělte do dvou hrnků a přidejte napěněné mléko.

f) Navrch dejte šlehačku a posypte dýňovým koláčovým kořením, skořicí nebo muškátovým oříškem, pokud chcete.

70. Karamelové latte

Ingredience :
- 2 unce espressa
- 10 uncí mléka
- 2 lžíce domácí karamelové omáčky plus další na pokapání
- 1 lžíce cukru (volitelně)

Pokyny
a) Nalijte espresso do hrnku.
b) Vložte mléko do široké sklenice nebo skleněné nádoby a vložte do mikrovlnné trouby na 30 sekund, dokud nebude velmi horké, ale ne vroucí.
c) Alternativně zahřejte mléko v hrnci na středním plameni asi 5 minut, dokud nebude velmi horké, ale ne vroucí, pečlivě sledujte.
d) Přidejte karamelovou omáčku a cukr (pokud používáte) do horkého mléka a míchejte, dokud se nerozpustí.
e) Pomocí napěňovače mléka napěňte mléko, dokud neuvidíte žádné bubliny a nebudete mít hustou pěnu, 20 až 30 sekund. Zakružte sklenicí a opakovaně s ní lehce poklepávejte na pult, aby praskly větší bubliny. Opakujte tento krok podle potřeby.
f) Lžičkou na zadržování pěny nalijte mléko do espressa. Navrch naneste zbylou pěnu.

KÁVA LAHOVANÁ ALKOHOLEM

71. Rumová káva

Ingredience :
- 12 oz. Čerstvě mletá káva, nejlépe čokoládová máta nebo švýcarská čokoláda
- 2 unce Nebo více 151 rumů
- 1 velká odměrka šlehačky
- 1 unce Irský krém Baileys
- 2 polévkové lžíce čokoládového sirupu

Pokyny
a) Čerstvě namelte kávu.
b) Vařit.
c) Do velkého hrnku dejte 2+ oz. 151 rumů na dně.
d) Nalijte horkou kávu do hrnku do 3/4 výšky.
e) Přidejte Bailey's Irish Cream.
f) Míchat.
g) Navrch dejte čerstvou šlehačku a pokapejte čokoládovým sirupem.

72. Irská káva Kahlua

Ingredience :
- 2 unce Kahlua nebo kávový likér
- 2 unce Irská whisky
- 4 šálky horké kávy
- 1/4 hrnku smetany ke šlehání, šlehačka

Pokyny
a) Do každého šálku nalijte půl unce kávového likéru. Do každého přidejte půl unce irské whiskey
b) pohár. Zalijte kouřící čerstvě uvařenou horkou kávu, promíchejte. Lžíce dvě hromady
c) lžíce šlehačky navrch každého. Podávejte horké, ale ne tak horké, abyste si spálili rty.

73. Baileyho irské cappuccino

Ingredience :
- 3 oz. Bailey's Irish Cream
- 5 uncí horká káva -
- Poleva na dezert z konzervy
- 1 čárka muškátový oříšek

Pokyny
a) Nalijte Bailey's Irish Cream do hrnku na kávu.
b) Naplňte horkou černou kávou. Navrch potřete jedním střikem dezertní polevy.
c) Dezertní polevu poprášíme špetkou muškátového oříšku

74. Brandy Coffee

Ingredience :
- 3/4 šálku horké silné kávy
- 2 unce brandy
- 1 lžička cukru
- 2 unce těžkého krému

Pokyny
a) Nalijte kávu do vysokého hrnku. Přidejte cukr a míchejte, aby se rozpustil.
b) Přidejte brandy a znovu promíchejte. Nalijte smetanu přes zadní stranu čajové lžičky, zatímco ji držíte, mírně nad vršek kávy v šálku. To mu umožňuje plavat.
c) Sloužit.

75. Kahlua a čokoládová omáčka

Ingredience :
- 6 šálků horké kávy
- 1 šálek čokoládového sirupu
- 1/4 šálku Kahlua
- $\frac{1}{8}$ lžičky mleté skořice
- Šlehačka

Pokyny
a) Smíchejte kávu, čokoládový sirup, Kahlua a skořici ve velké nádobě; dobře promíchejte.
b) Ihned podávejte. Navrch dáme šlehačku.

76. Domácí kávový likér

Ingredience :
- 4 šálky cukru
- 1/2 šálku instantní kávy – použijte filtrovanou vodu
- 3 šálky vody
- 1/4 lžičky soli
- 1 1/2 šálku vodky, vysoce odolná
- 3 polévkové lžíce Vanilka

Pokyny
a) Smíchejte cukr a vodu; vaříme, dokud se cukr nerozpustí. Snižte teplotu, aby se vařil a vařte 1 hodina.
b) NECHTE VYCHLADNOUT.
c) Vmíchejte vodku a vanilku.

77. Kahlua Brandy Coffee

Ingredience :
- 1 unce Kahlua
- 1/2 unce brandy
- 1 šálek horké kávy
- Šlehačka na polevu

Pokyny
a) Přidejte Kahlua a brandy do kávy
b) Ozdobte šlehačkou

78. Limetková Tequila Espresso

Ingredience :
- Dvojitá dávka espressa
- 1 panák bílé tequily
- 1 čerstvá limetka

Pokyny
a) Po okraji sklenice na espresso přejeďte plátkem limetky.
b) Nalijte dvojitou dávku espressa na led.
c) Přidejte jednu dávku bílé tequily
d) Sloužit

79. Slazená brandy káva

Ingredience :
- 1 šálek čerstvě uvařené kávy
- 1 unce Kávový likér
- 1 lžička čokoládového sirupu
- 1/2 oz. Brandy
- 1 Dash Cinnamon
- Sladká šlehačka

Pokyny
a) Smíchejte kávový likér, brandy, čokoládový sirup a skořici v hrnku. Naplňte čerstvě uvařenou kávou.
b) Navrch dáme šlehačku.

80. Káva na večeři

Ingredience :
- 3 šálky velmi horké kávy bez kofeinu
- 2 polévkové lžíce cukru
- 1/4 šálku světlého nebo tmavého rumu

Pokyny
a) V nahřáté nádobě smíchejte velmi horkou kávu, cukr a rum.
b) Zdvojnásobte podle potřeby.

81. Sladká javorová káva

Ingredience :
- 1 šálek půl na půl
- 1/4 šálku javorového sirupu
- 1 šálek horké uvařené kávy
- Slazená šlehačka

Pokyny
a) Uvařte půl na půl a javorový sirup v hrnci na středním plameni. Za stálého míchání, dokud se důkladně nezahřeje. Nenechte směs vařit.
b) Vmícháme kávu a podáváme se slazenou šlehačkou.

82. Dublinský sen

Ingredience :

- 1 polévková lžíce Instantní káva
- 1 1/2 polévkové lžíce instantní horké čokolády
- 1/2 oz. Irský smetanový likér
- 3/4 šálku vroucí vody
- 1/4 šálku šlehačky

Pokyny
a) Do sklenice na irskou kávu dejte všechny ingredience kromě šlehačky.
b) Míchejte, dokud se dobře nepromísí, a ozdobte šlehačkou.

83. Káva Di Saronno

Ingredience :
- 1 unce Di saronno amaretto
- 8 uncí. Káva
- Šlehačka

Pokyny
a) Smíchejte Di Saronno Amaretto s kávou a navrch dejte šlehačku.
b) Podávejte v irském hrnku na kávu.

84. Káva Baja

Ingredience :
- 8 šálků horké vody
- 3 polévkové lžíce Instantní kávové granule
- 1/2 šálku kávového likéru
- 1/4 šálku likéru Crème de Cacao
- 3/4 šálku šlehačky
- 2 polévkové lžíce Polosladká čokoláda, strouhaná

Pokyny
a) V pomalém hrnci smíchejte horkou vodu, kávu a likéry.
b) Přikryjte a zahřívejte na NÍZKÉ 2-4 hodin. Nalijte do hrnků nebo žáruvzdorných sklenic.
c) Navrch dáme šlehačku a nastrouhanou čokoládu.

85. Pralinková káva

Ingredience :
- 3 šálky horké uvařené kávy
- 3/4 šálku Půl na půl
- 3/4 šálku Pevně zabaleného hnědého cukru
- 2 polévkové lžíce másla nebo margarínu
- 3/4 šálku Pralinkového likéru
- Slazená šlehačka

Pokyny
a) První 4 ingredience vařte ve velkém hrnci na středním plameni za stálého míchání, dokud se důkladně nezahřejí, nevařte.
b) Vmíchejte likér; podáváme se slazenou šlehačkou.

86. Káva vodka

Ingredience :
- 2 šálky tmavě hnědého cukru - pevně zabalené
- 1 hrnek bílého cukru
- 2 1/2 šálku vody
- 4 šálky pekanových kousků
- 4 vanilkové lusky podélně rozpůlené
- 4 šálky vodky

Pokyny

a) Smíchejte hnědý cukr, bílý cukr a vodu v hrnci na středním plameni, dokud se směs nezačne vařit. Snižte teplotu a vařte 5 minut.

b) Vložte vanilkové lusky a pekanové ořechy do velké skleněné nádoby (protože to dělá 4 1/2 šálku Nalijte horkou směs do nádoby a nechte vychladnout. Přidejte vodku

c) Pevně zakryjte a uložte na tmavé místo. Následující 2 týdny sklenici každý den otočte, aby se všechny ingredience spojily. Po 2 týdnech směs přeceďte, pevné látky vyhoďte.

87. Kavárna Amaretto

Ingredience :
- 1 1/2 šálku teplé vody
- 1/3 šálku Amaretta
- 1 polévková lžíce krystalů instantní kávy
- Poleva ze šlehačky

Pokyny
a) Smíchejte dohromady vodu a krystaly instantní kávy v mikrovlnné nádobě.
b) Mikrovlnná trouba nezakrytá, na 100% výkon asi 3 minuty nebo jen do zahřátí v páře.
c) Vmíchejte Amaretto. Podávejte v hrncích z čirého skla. Doplňte každý hrnek kávové směsi nějakým dezertním polevou.

88. Kavárna Au Cin

Ingredience :
- 1 šálek studené francouzské pražené kávy
- 2 polévkové lžíce krystalového cukru
- Dash Cinnamon
- 2 unce Tawny port
- 1/2 lžičky strouhané pomerančové kůry

Pokyny
a) Spojte a rozmixujte v mixéru při vysoké rychlosti.
b) Nalijte do vychlazených sklenic na víno.

89. Špičaté cappuccino

Ingredience :
- 1/2 šálku půl na půl
- 1/2 šálku čerstvě uvařeného espressa
- 2 polévkové lžíce Brandy
- 2 polévkové lžíce bílého rumu
- 2 polévkové lžíce Tmavý kakaový krém
- Cukr

Pokyny
a) Šlehejte půl na půl v malém hrnci na vysoké teplotě, dokud nezpění, asi 3 minuty.
b) Kávu espresso rozdělte mezi 2 šálky. Do každého šálku přidejte polovinu brandy a polovinu kakaového krému.
c) Znovu ušlehejte půl na půl a nalijte do šálků.
d) Cukr je volitelný

90. Gaelská káva

Ingredience :
- Černá káva; čerstvě vyrobené
- skotská whisky
- Surový hnědý cukr
- Skutečná šlehačka; vyšleháme do mírného zhoustnutí

Pokyny
a) Kávu nalijte do nahřáté sklenice.
b) Přidejte whisky a hnědý cukr podle chuti. Dobře promíchejte.
c) Nalijte trochu šlehačky do sklenice přes zadní stranu čajové lžičky, která je těsně nad hladinou tekutiny v šálku.
d) Mělo by to trochu plavat.

91. Žitná whisky káva

Ingredience :
- 1/4 šálku javorového sirupu; čistý
- 1/2 šálku žitné whisky
- 3 šálky kávy; horká, černá, dvojitá síla

Polevy:
- 3/4 šálku smetany ke šlehání
- 4 lžičky čistého javorového sirupu

Pokyny
a) Poleva – 3/4 šálku šlehačky ušlehejte se 4 lžičkami javorového sirupu, dokud se nevytvoří měkký kopeček.
b) Rozdělte javorový sirup a whisky do 4 předehřátých žáruvzdorných skleněných hrnků.
c) Nalijte kávu do výšky 1 palce od vrcholu.
d) Lžíce polévání kávy.
e) Sloužit

92. Cherry Brandy Káva

Ingredience :
- 1/2 unce třešňové brandy
- 5 uncí čerstvé černé kávy
- 1 lžička cukru šlehačka
- Maraschino třešeň

Pokyny
a) Nalijte kávu a třešňovou pálenku do šálku na kávu a přidejte cukr na oslazení.
b) Navrch dejte šlehačku a maraschino třešeň.

93. Dánská káva

Ingredience :
- 8 c Horká káva
- 1 c tmavého rumu
- 3/4 c cukru
- 2 tyčinky skořice
- 12 hřebíčků (celých)

Pokyny
a) Ve velmi velkém těžkém hrnci smíchejte všechny ingredience, přikryjte a udržujte na mírném ohni asi 2 hodiny.
b) Podávejte v hrncích na kávu.

94. Whisky Střelec

Ingredience :
- 1/2 šálku odstředěného mléka
- 1/2 šálku obyčejného nízkotučného jogurtu
- 2 lžičky cukru
- 1 lžička instantní kávy v prášku
- 1 lžička irské whisky

Pokyny
a) Všechny ingredience vložte do mixéru na nízkou rychlost.
b) Mixujte, dokud neuvidíte, že jsou vaše ingredience do sebe zakomponovány.
c) Pro prezentaci použijte vysokou protřepávací sklenici.

95. Stará dobrá irština

Ingredience :
- 1,5 unce Irish Cream Liqueur
- 1,5 unce irské whiskey
- 1 šálek horké uvařené kávy
- 1 polévková lžíce šlehačky
- 1 špetka muškátového oříšku

Pokyny
a) V hrnku na kávu smíchejte irskou smetanu a irskou whiskey.
b) Naplňte hrnek kávou. Navrch dejte kopeček šlehačky.
c) Ozdobte muškátovým oříškem.

96. Irská káva Bushmills

Ingredience :
- 1 1/2 unce irské whisky Bushmills
- 1 lžička hnědého cukru (volitelně)
- 1 pomlčka Crème de menthe, zelená
- Extra silná čerstvá káva
- Šlehačka

Pokyny
a) Nalijte whisky do šálku irské kávy a naplňte do 1/2 palce od vrcholu kávou. Přidejte cukr podle chuti a promíchejte. Navrch dejte šlehačku a navrch pokapejte créme de menthe.
b) Okraj šálku namočte do cukru, aby se okraj obalil.

97. Černá irská káva

Ingredience :
- 1 šálek silné kávy
- 1 1/2 unce Irská whisky
- 1 lžička cukru
- 1 polévková lžíce šlehačky

Pokyny
a) Smíchejte kávu, cukr a whisky ve velkém hrnku do mikrovlnné trouby.
b) Mikrovlnná trouba na vysoký výkon po dobu 1 až 2 minut . Navrch dáme šlehačku
c) Při pití buďte opatrní, možná bude potřeba chvíli vychladnout.

98. Krémová irská káva

Ingredience :
- 1/3 šálku Irish Cream Liqueur
- 1 1/2 šálku čerstvě uvařené kávy
- 1/4 šálku husté smetany, mírně oslazené a našlehané

Pokyny
a) Rozdělte likér a kávu mezi 2 hrnky.
b) Navrch dáme šlehačku.
c) Sloužit.

99. Staromódní irská káva

Ingredience :
- 3/4 šálku teplé vody
- 2 polévkové lžíce irské whisky
- Poleva na dezert
- 1 1/2 lžičky krystalky instantní kávy
- Hnědý cukr podle chuti

Pokyny
a) Smíchejte vodu a krystaly instantní kávy. Mikrovlnná trouba, nezakrytá, zapnutá
b) 100% výkon asi 1 1/2 minuty nebo jen do zahřátí v páře. Vmíchejte irskou whisky a hnědý cukr.

100. Krém Liqueur Latte

Ingredience :
- Jednosložkový krémový likér
- 1½ dílu vodky

Pokyny
a) Protřepejte s ledem a sceďte do sklenice na Martini .
b) Užívat si

ZÁVĚR

S každým ochutnaným receptem a opečovávanou každou aromatickou nótou zakončíme naši cestu stránkami „Sbírky receptů milovníka kávy" Symfonie chutí, poezie vůní a umění prezentace, to vše se snoubí v říši přípravy kávy. . Jak jste zjistili, káva není jen nápoj; je to zážitek, který zapojí všechny vaše smysly a zachytí okamžiky v čase.

Doufáme, že tyto recepty podnítily nově nalezenou vášeň pro výrobu kávy a inspirovaly vás k experimentování s chutěmi, technikami a osobními doteky. Nechte radost z vaření vlastního šálku dokonalosti každý den naplnit nádechem elegance a požitkářství.

Od srdce kávové kultury až po tu vaši, děkujeme, že jste se k nám připojili na této cestě. Ať je vaše káva vždy uvařena k dokonalosti a ať vás každý doušek přiblíží podstatě skutečné blaženosti.

www.ingramcontent.com/pod-product-compliance
Lightning Source LLC
LaVergne TN
LVHW021704060526
838200LV00050B/2499